AF246030

# DROITS DE L'HOMME

## ET

# DROIT DIVIN

PAR

## V. DE MAUMIGNY

PARIS

IMPRIMERIE F. LEVÉ

17, RUE CASSETTE, 17

1883

# TABLE DES MATIÈRES

# CHAPITRE Ier

## LES CONSTITUTIONS MODERNES

### I

La substitution *des droits de l'homme* au *droit divin* du Christ est l'essence de la Révolution. Elle nie la vie surnaturelle de l'Eglise et la vie chrétienne des nations ses filles, constatée par le sacre des rois. En substituant le règne de l'opinion aux vérités universelles et immuables perçues par la raison, elle nie jusqu'à l'ordre naturel. Le Christ « lumière des hommes », éclaire la foi par se parole, la raison par la création que l'Ecriture compare à un livre écrit par la langue de Dieu. Le législateur, même dans l'ordre naturel et humain, ne peut rien sans lui, alors sur tout que la raison déchue a besoin du Réparateur.

Constituée, reconstituée sans relâche depuis un siècle par des utopistes, des ambitieux, des sectaires, la France est victime d'incessantes révolutions, qui l'affaiblissent, la déconsidèrent, détruisent tout esprit national et, de chute en chute, la conduisent à la mort.

Nos législateurs *laïques* oublient que leur action est très secondaire, car « si « le Seigneur ne bâtit l'édifice, les cons- « tructeurs travaillent en vain ».

Sans le fondement posé par la nature chez tous les peuples, et que la grâce perfectionne chez les peuples chrétiens, l'édifice social s'écroule, si habile que soit l'architecte.

L'homme, dit de Maistre, peut bien planter un pépin, élever un arbre; jamais il ne s'est imaginé qu'il avait le pouvoir de créer un arbre.

Comment s'est-il imaginé qu'il avait le pouvoir de faire une constitution (1).

Œuvre de la Providence, la constitution d'un peuple est écrite dans les cœurs. Un fondateur connu ou inconnu en jette la semence. La coutume et le temps la développent avec l'aide de Dieu, qui donne aux nations l'accroissement non moins que la vie. « Par sa « parole il dispose les siècles afin que « ce qui était invisible devienne visible »

et que du grain de sénevé sorte un grand arbre. La Providence donne aux peuples cet esprit national qui conserve leur unité et leur identité à travers les siècles. Les nations souffrent quand l'esprit national s'altère ; quand elles le perdent, elles meurent. Sans lui, les chartes écrites sont plus nuisibles qu'utiles, car la « lettre tue ».

Le pouvoir constituant des Assemblées modernes est l'usurpation des droits de Dieu créateur des nations, des droits du Christ leur premier législateur, des droits du fondateur instrument de la Providence, des droits du peulpe qui par la coutume participe à la législation. La coutume est le vrai suffrage universel, le suffrage non pas d'une majorité aveugle, mobile et le plus souvent factice, mais le suffrage unanime des générations, et même de toutes les générations quand il s'agit des lois fondamentales de la patrie.

La manie constituante de nos gouvernements est d'autant plus insensée que la France était constituée sur le modèle des sociétés sorties de la main de Dieu. Elle avait le plus parfait des gouvernements avant qu'il fût altéré par l'ancien régime :

Grégoire IX écrit à saint Louis :

Le Fils de Dieu, dont le monde entier exécute les lois et aux désirs duquel les armées célestes s'empressent d'obéir, a établi sur la terre divers royaumes et divers gouvernements pour l'accomplissement des célestes conseils. Mais comme autrefois la tribu de Juda reçut des privilèges tout particuliers, ainsi le royaume de France a été distingué entre tous les peuples de la terre par une prérogative d'honneur et de grâce.

### II

89 a fait table rase de cette prérogative. Depuis lors, tous les gouvernements s'appuient sur ces funestes principes. La Restauration elle-même, tout en rétablissant la monarchie traditionnelle, n'a pu rompre entièrement avec le droit nouveau ; de là sa chute.

Les services rendus à la France par la Restauration sont grands : on lui doit le

---

(1) *Considérations sur la France*, chap. ii.

retour à la foi nationale et à la monarchie traditionnelle, le rétablissement de nombreux sièges épiscopaux, le repos légal du dimanche, l'abolition du divorce, l'intégrité du territoire, le bon ordre des finances, la pacification de l'Espagne, la conquête d'Alger, l'honnêteté de gouvernement, une politique étrangère digne, loyale, patriotique, éclairée, et l'influence qui en était le fruit.

Comment la monarchie a-t-elle pu sombrer après tant de signalés bienfaits et dans tout l'éclat d'une glorieuse victoire? Faut-il attribuer exclusivement sa chute à l'imprudence du roi Charles X? aux ennemis d'un roi si bon, si généreux, si français? Ce serait une grande illusion.

La vraie cause est dans le défaut d'unité de la Restauration, par suite des pressions que Louis XVIII eut à subir.

Les demeurants des régimes antérieurs voulaient faire prévaloir leurs principes et l'organisation de l'Empire était debout.

Le Sénat impérial avait nommé un gouvernement provisoire, présidé par le prince de Talleyrand. Après avoir prononcé, le 3 avril, « la déchéance de Napoléon Bonaparte et de sa famille », il avait décreté, le 6, une constitution monarchique et libérale. L'article 2 « ap « pelait au trône Louis-Stanislas-Xa- « vier de France et après lui les autres « membres de la maison de Bourbon « dans l'ordre ancien ».

L'art. 29 stipulait que cette constitution serait soumise à l'acceptation du peuple et que Louis Stanislas Xavier serait proclamé roi des Français aussitôt qu'il l'aurait jurée et signée.

C'était la négation de la loi salique, qui, hors les cas douteux, n'a pas besoin d'une sanction.

D'autre part, la franc-maçonnerie, après avoir trahi, sous l'impulsion de Fouché, l'empereur Napoléon, sut si bien enguirlander le roi par ses assurances de dévouement et par ses fêtes en l'honneur de la Restauration célébrées dans les Loges, qu'il décora douze sectaires (1). Le roi refusa de leur donner pour grand maître un prince de sa maison, mais le grand maître duc Decases, devint son ministre.

Les puissances étrangères elles-mêmes exigèrent que le roi donnât des gages à la Révolution (2); de là l'article 9 de la charte et après 1815 le ministère de Fouché.

Le comte de Bombelles, second époux de l'impératrice Marie-Louise, nous a certifié que son frère, alors aide-de-camp de l'empereur d'Autriche, eut mission des alliés d'exiger dans la charte la ratification des ventes nationales, déjà décretées dans la constitution du Sénat.

La sagesse du roi aurait su concilier la justice et la paix. Grâce au concours de la magistrature et des Chambres, grâce aux encouragements et aux exemptions de droit de mutation accordées aux transactions, grâce aux indemnités qui ont été ultérieurement votées, il aurait été facile de satisfaire tous les intérêts sans porter une atteinte peut-être irréparable au droit de propriété.

En proclamant hautement les principes, en étendant à la couronne, au clergé, ce qui a été fait pour les seuls émigrés, on aurait assuré l'indépendance de la royauté et de la religion, et le ministère ne s'arrogerait pas le droit de supprimer le traitement des ministres de Dieu, qu'il transforme en salariés.

### III

Pour restaurer la monarchie très chrétienne, c'est-à-dire le règne social du Christ, il aurait fallu les enseignements de son Vicaire, gardien des vérités éternelles. Mais son influence sociale était paralysée par les préjugés gallicans. Livré aux seules lumières de la sagesse humaine, le roi crut pouvoir fusionner les principes contraires des régimes antérieurs.

Il empruntait à la monarchie traditionnelle le catholicisme de l'Etat, la loi salique, la souveraineté royale, le drapeau qui la symbolise;

Le gallicanisme à l'ancien régime;

Le morcellement des provinces, le mariage civil, la division des pouvoirs à la révolution française;

---

(1) Gyr, *La Franc-Maçonnerie*, p. 335.

(2) Voir Lubis *Histoire de la Restauration*, t. VI, p. 56 et *Les Sociétés secrètes*, par Deschamps, annotées par Claudio Janet, t. II, par 224, 2ᵉ édition, et t. III, p. 96.

A l'Empire, la centralisation, l'Université, le code civil, la conscription, une haute Chambre sans autorité propre, sans esprit de corps. Remarquable par le mérite et les services individuels de ses membres, elle était dépourvue de l'autorité subordonnée de l'ancien Parlement, réunion des grands corps de l'État.

Le Parlement avait la très importante fonction de *vérifier* les lois, afin d'éclairer la religion du Roi parfois surprise par ses ministres. Mais la Chambre des pairs était la doublure de la Chambre des députés et, sous un nom ancien, la copie du Sénat impérial. Aussi l'Empereur, dans *l'acte additionnel*, transforma son Sénat en une Chambre des pairs en tout point semblable à celle du Roi.

Dans la *déclaration du 2 mai*, Louis XVIII reconnaît que les bases de la constitution du Sénat sont bonnes, tout en se réservant de les rectifier. Il joignit à la liberté des cultes la reconnaissance de la religion catholique comme religion de l'Etat. A l'appel au peuple il substitua le droit héréditaire en datant son règne de la mort de Louis XVII, et *l'octroi* d'une charte constitutionnelle au pouvoir constituant du peuple.

Mais en même temps le roi promettait « une constitution libérale, le maintien « du gouvernement représentatif, la « responsabilité des ministres devant les « Chambres, la liberté de la presse et « des cultes; promesse confirmée par la « charte. »

Cette fusion de la monarchie traditionnelle et du libéralisme de 89 impliquait contradiction. La charte amena les luttes de la Restauration.

Comment concilier l'article 6, qui déclare la religion catholique, apostolique et romaine religion de l'Etat, avec les articles 5 et 7, qui proclament la liberté et l'égalité des cultes. Ce n'est pas seulement une possession de fait, une nécessité des temps que la libre conversion des dissidents doit faire cesser un jour; c'est un droit constitutionnel et dès lors perpétuel, éternel même comme un principe.

Comment concilier avec la censure établie sous la Restauration « *le droit* de publier et de faire imprimer ses opinions », stipulé dans l'article 8.

Comment concilier l'article 14, qui proclame le roi chef suprême de l'Etat, avec l'article 15, qui déclare que « la puissance législative s'exerce *collectivement* par le Roi et les deux Chambres », et avec l'article 13, qui donne au Roi une simple puissance exécutive et décrète la responsabilité des ministres devant les Chambres?

La Révolution de Juillet mit au jour ces contradictions. Le roi Charles X fit des ordonnances en vertu de l'article 14 et fut renversé aux cris de vive la charte!

Dès l'origine, Pie VI et Consalvi, de Bonald et de Maistre ne prévoyaient que trop les périls de la Restauration.

Ce qu'il y eut de moins contesté, ce fut ce qui n'était pas écrit dans la charte. Le roi ne *constitua* pas la monarchie héréditaire, il prit possession du trône, arbora son drapeau, et Charles X le remplaça sans discussions et sans obstacles.

Le roi ne déclara pas dans la charte les étrangers exclus des Chambres, il se borna à rappeler les anciennes ordonnances dans celle du 1ᵉʳ juin 1814.

Au lieu de *constituer* le catholicisme de l'Etat, il aurait suffi de conserver les légendes des monnaies royales, presque seules en usage alors et qui affirmaient énergiquement la victoire et le règne du Christ.

Quant à la liberté des dissidents, personne ne songeait à la troubler, à charge par eux de respecter les droits de l'Eglise et des catholiques. Si la liberté de conscience et des cultes n'avait pas été proclamée comme « un droit de l'homme » en 89, droit implicitement reconnu par la charte, on ne verrait pas les catholiques opprimés, dépouillés, insultés dans toutes leurs croyances par une poignée de Juifs, de protestants et de francs-maçons au nom de la liberté de conscience.

## IV

Quelle que soit la forme d'un gouvernement, trois choses sont nécessaires : un fonds commun à tous les peuples, puisque tous les hommes ont la même nature et que tous reçoivent le même baptême lorsqu'ils sont chrétiens.

En second lieu, chaque nation reçoit une existence propre qui la distingue des autres nations. Elle reçoit un principe de vie qui conserve son unité, son identité depuis son berceau jusqu'à la tombe et dont les lois fondamentales sont la manifestation.

Viennent ensuite les lois transitoires, qui varient avec les temps et les mœurs, mais sans détruire ce qui est permanent. Une nation ayant comme l'homme son enfance, sa virilité, sa vieillesse, le régime change avec l'âge, mais sans altérer les lois divines et les lois fondamentales de la patrie.

La famille est la figure des sociétés supérieures. Quels que soient la nature d'une société et la forme de son gouvernement, il faut un pouvoir qui commande, un ministère qui lui vienne en aide, des sujets qui obéissent : le père, la mère, l'enfant, — le chef, le corps, les membres, un lien qui les unisse.

L'Eglise et la monarchie traditionnelle sont des familles au complet; le pouvoir absolu, l'aristocratie, la République, sont des familles que la mort a privés soit de la mère, soit du père, soit du père et de la mère, et qui reconstituent comme elles peuvent l'ordre essentiel des sociétés. Dans la République elle-même, nous trouvons un président, un Sénat et une Assemblée populaire.

Dans la République comme dans la monarchie, le pouvoir vient de Dieu. L'Assemblée souveraine a les droits et les devoirs de la royauté ; c'est une paternité. Aussi l'Evangile ne parle que des rois et le quatrième commandement renferme tous nos devoirs envers nos supérieurs.

L'autorité est une paternité, et « toute « paternité au ciel et sur la terre reçoit « son nom du père de N.-S. Jésus-« Christ ». Or, comme il est impossible que les enfants engendrent leur père, il est impossible que le pouvoir ait sa *source* dans la volonté de citoyens, qui suivant le droit nouveau, ne doivent obéissance qu'au pouvoir qu'ils ont délégué, qu'à la loi qu'ils ont fabriquée.

Si donc, par impossible, la République pouvait durer en France, il faudrait renoncer à la souveraineté du peuple telle que l'entend la Révolution, et accepter le règne du Christ, source de tout pouvoir, accepter son droit divin qu'elle repousse.

Il faudrait donner au Président, dans la sphère exécutive, les attributions d'un chef d'Etat, sauf compte à rendre à l'Assemblée souveraine.

En second lieu, il faudrait un Sénat vraiment conservateur des intérêts permanents de l'Etat ; conservateur de la foi et des traditions nationales, conservateur des droits des corporations non moins que des individus et dont la Chambre populaire, comme en Amérique, reconnaîtrait l'autorité.

Il faudrait, en troisième lieu, une Chambre élue représentative de tous les intérêts; intérêts qui, sans un Sénat fortement constitué, prévaudront toujours sur les intérêts généraux, surtout si elle est en même temps souveraine absolue.

C'est à son Sénat que la République romaine a dû sa force et sa durée : c'est au Sénat que l'Amérique doit de n'être pas dévorée par la démocratie.

Or, une république chrétienne et bien ordonnée est impossible en France, parce qu'elle ne saurait se défendre contre la république anti-chrétienne des républicains. Ils l'exècrent tout autant que la monarchie. De là la nécessité de revenir à la monarchie très chrétienne, dont une république chrétienne et conservatrice n'est que la diminution.

Une république même chrétienne est impossible en France, parce que la Providence, Clovis, la coutume, l'histoire, le caractère national, sa vocation providentielle et jusqu'à son territoire l'ont faite monarchique.

A plus forte raison, une république conservatrice, libérale, telle que le mac-mahonnat, est-elle impossible ; comment lutter contre la Révolution en s'appuyant sur ses principes ?

Il faut dès lors que la France choisisse aujourd'hui entre la monarchie très chrétienne de saint Louis et la république anti-chrétienne des Loges.

La monarchie très chrétienne peut seule réaliser tous les vœux d'ordre et de liberté, de foi et de progrès, d'égalité et de fraternité que la Révolution inscrit sur son drapeau pour nous conduire à la servitude, aux privilèges, aux guerres intestines, à la mort !

# CHAPITRE II

## LA LÉGITIMITÉ CHRÉTIENNE

Dans son sens le plus large, la légitimité est la conformité à l'ordre voulu de Dieu. On applique ce mot plus spécialement au pouvoir, tant religieux que civil parce que le pouvoir légitime est le gardien de l'ordre.

Expression de l'ordre universel, le catholicisme unit l'ordre naturel à l'ordre surnaturel. Dieu, qui a décrété l'Incarnation de toute éternité, a créé les hommes pour donner au Christ des frères et des cohéritiers, le genre humain pour en former l'Eglise. Le péché originel a souillé l'œuvre de Dieu, mais Dieu a tout aussitôt promis un Sauveur au monde, promesse réalisée à l'avènement du Christ.

La Révolution est la rechute des nations chrétiennes régénérées par l'Evangile, rechute plus coupable et plus périlleuse que la chute. Les Gentils, en effet, avaient pour excuse leur ignorance et la redoutable puissance des faux dieux, tandis que les nations chrétiennes vivent dans la plénitude de la lumière et sous le sceptre du Christ, qui a vaincu le Prince du monde déchu. La rechute est plus périlleuse que la chute, car le Christ était « le Désiré des nations », tandis que les nations chrétiennes qui se laissent séduire par la Révolution, le repoussent obstinément, systématiquement, en haine de la vérité et de la justice, en haine du christianisme, qui avait rétabli l'union de la nature et de la grâce avec une perfection plus grande encore qu'à la création. Aussi les nations chrétiennes infidèles ne vont pas de la mort à la vie, comme les Gentils, mais elles vont de la vie à la mort.

L'Evangile a rétabli l'union des deux ordres dans l'homme par le baptême ;

Dans la famille, par le sacrement de mariage ;

Dans l'Etat, par le sacre des rois ;

Dans l'école, par l'union et la subordination de la science à la foi ;

Dans l'Eglise, par la perpétuelle assistance du Christ, par la foi indestructible de son Vicaire, par l'envoi de l'Esprit Saint, qui unit dans la même vie le Pape, l'episcopat, les fidèles.

Dans l'humanité régénérée, par l'union sans confusion des deux pouvoirs, des deux sociétés, des deux glaives, sous le sceptre du Christ.

« Descendu du ciel pour nous hommes et pour notre salut », le Christ, en fondant l'Eglise, l'a associée à sa mission. Sous son inspiration, l'Eglise, avec le concours des princes chrétiens ses fils et surtout des rois de France, a christianisé l'ordre temporel. Après avoir uni dans une même foi les nations chrétiennes, elle en a formé l'Eglise du dehors, qu'on nommait la République chrétienne, la Chrétienté, le Saint Empire romain, et dont le Pape, avant la Réforme, était le *chef spirituel.*

La Chrétienté a commencé avec les Francs. Les Papes, malgré la conversion de Constantin, restaient encore sujets des Empereurs. Fils aîné de l'Eglise, Clovis reconnaît le premier le règne extérieur du Christ et l'autorité sociale de son Vicaire. Il dépose sa couronne sur la tombe sacrée de Pierre en signe de dévouement filial et fait graver sur sa monnaie la croix des places publiques, accompagnée de *l'alpha* et de *l'oméga*, symbolisant ainsi la royauté du Christ sur la France « et qui l'a élue pour être l'exécuteur spécial de ses divines volontés dans le monde ».

Après Clovis, la Chrétienté se développe grâce à la formation progressive des Etats de l'Eglise. Ils sont consolidés par Pépin et par Charlemagne, qui reçoit en échange des mains de saint Léon la couronne impériale, aux acclamations du peuple romain. Le chef de l'Eglise devient alors le chef *spirituel* du Saint Empire romain fondé par lui. Charlemagne lui prête serment et fait graver sur sa monnaie l'image de Pierre portant en ses mains le sceptre royal du nouvel empire. Le grand Empereur est l'*épée et le bouclier de l'Eglise*; alors la force du droit prime le droit de la force, grâce à la royauté spirituelle de

Pierre dans l'ordre social et à l'étroite union des deux glaives.

Comme roi temporel, le Pape est le frère des rois. Aujourd'hui encore ils reconnaissent sa primauté d'honneur en mettant ses nonces à la tête du corps diplomatique.

D'autre part, comme Vicaire de Jésus-Christ, Prince des rois de la terre, le Pape est leur Très Saint Père. Mais loin d'assujettir les nations à son sceptre temporel à la façon des Césars romains et de la république universelle, le Pape est le premier défenseur de leur indépendance et surtout de l'indépendance des faibles, qui de nos jours sont dévorés par les forts, en attendant qu'ils soient tous annexés à la république universelle, et plus tard courbés sous la verge de l'Antechrist, son futur César.

Le laïcisme prépare cette servitude universelle semée par le protestantisme, par le gallicanisme et surtout par le libéralisme.

## II

L'ancien régime avait tout gallicanisé, tout *déromanisé* ; la philosophie, la théologie, la liturgie, le culte, le droit tant religieux que civil, la royauté, l'épiscopat. Les enseignements du Saint-Siège apostolique étaient méprisés, sinon de cœur, du moins de bouche, par les rois et les évêques, par les magistrats et les légistes.

Vint ensuite 89, qui a tout libéralisé, tout *déchristianisé*. Puis de nos jours la république maçonnique a tout *laïcisé*.

Le mépris de l'Eglise a conduit au mépris du Christ ; et le mépris du Christ au mépris de Dieu, comme l'Evangile nous l'avait annoncé : progrès du droit moderne.

Dans les siècles chrétiens « les rois régnaient par la grâce de Dieu », c'est-à-dire au nom et pour la gloire du Christ, auteur de la grâce, et conformément à l'Evangile, confié à la garde de l'Eglise. « Ils tiennent, dit la liturgie, la place du Christ dans l'ordre extérieur et sont les médiateurs du clergé et du peuple ». Par suite, ils aident l'Eglise à christianiser l'ordre civil.

Tout médiateur appartenant aux deux termes qu'il unit, le roi chrétien participait, comme le clergé, mais dans un ordre inférieur, au sacerdoce royal du Christ. Le droit divin perfectionnait le droit terrestre, temporel, humain que le prince tenait de Dieu, de la nature et des hommes. Or, toute juridiction divine descendant du Christ par le Pape, son Vicaire, les rois chrétiens, évêques du dehors, étaient comme tels soumis à son autorité *spirituelle*, tout en conservant leur indépendance temporelle puisque le Pape ne gouverne que ses propres Etats.

La légitimité de pur droit naturel et humain ne saurait résister à la satanique et redoutable puissance de la Révolution. Pour l'enchaîner il faut la sagesse et la force de Dieu, il faut l'assistance du Christ, qu'on repousse en se séparant de son Vicaire. Si les rois protestants ont résisté, c'est que la Révolution les a ménagés comme des complices. Mais le fénianisme anglais, le socialisme allemand, le nihilisme russe lèvent la tête et la Révolution qui ruine les dynasties et les nations catholiques est à leur porte.

Le gallicanisme assimile les rois catholiques aux princes de la gentilité. Par ces maximes : « le règne du Christ n'est pas de ce monde ; le roi tient sa couronne de Dieu seul et de son épée », ils abdiquaient le droit divin qui était leur force et leur gloire, sans retrouver la domination redoutée qui n'est plus dans nos mœurs et que Dieu laisse aux rois infidèles pour conserver un ordre naturel imparfait, en attendant la conversion de leurs peuples.

La France s'effraye de l'autorité tutélaire des Papes, qui pendant douze siècles lui a conservé ses rois et sa grandeur, tandis que depuis 89 tous ses souverains ont été assassinés, détrônés, exilés, et qu'elle n'a cessé de décroître.

Dans l'ordre naturel, ordre vicié par le péché originel, les rois tiennent la couronne de Dieu, de l'épée et de l'hérédité qui est la loi de la nature, « la loi d'Adam », dit David.

A l'origine la force prime le droit chez les dynasties infidèles. Elles sont fondées sur des conquêtes, sur des usurpations, sur des meurtres, mais elles se légitiment avec le temps, par une possession paisible, par la prescription et en rentrant dans les voies de la justice ; la Providence et l'hérédité les confirment.

Il en est de même chez les nations chrétiennes séparées de l'Eglise. Une odieuse usurpation de famille, l'apostasie du chef d'un ordre militaire, des révolutions de palais, telles sont les origines du droit dynastique en Angleterre, en Prusse, en Russie. Mais les fils se sont légitimés en rétablissant l'ordre dans leurs Etats et par une possession incontestée.

Il n'en est pas ainsi dans les Etats catholiques, et surtout dans les Etats de l'Eglise et en France. Ici la légitimité est originairement pure de ces crimes et de ces usurpations.

Les Papes ont reçu de la Providence, de la piété des princes, des besoins et de la reconnaissance des populations les Etats qu'ils gouvernent, non dans leur intérêt propre, mais dans l'intérêt de l'Eglise et de leur peuple.

Clovis était non le conquérant, mais le libérateur des Gaules, qu'il a délivrées du joug odieux des Romains. Epée et bouclier de l'Eglise, il l'a défendue contre les Ariens. Les bénédictions du Pape, des évêques et des peuples ont accompagné ses armes. Tous voyaient en lui l'envoyé du Christ, qui l'a sacré pour ainsi dire lui-même par la sainte Ampoule. La colombe qui planait sur la tête du Christ à son baptême apparaît au baptême du « fils aîné de son cœur sacré » et de son Eglise ; coïncidence sculptée sur un rétable de l'église Saint-Rémi, à Reims.

Tant que les rois de France ont continué l'œuvre de Clovis, le Christ a veillé sur eux et sur leur royaume. Il a retiré son bras quand on l'a repoussé, et de chute en chute la France est tombée dans le radicalisme athée, qui de nos jours, la pousse à sa ruine.

### III

Le suffrage universel ayant remplacé le règne des classes libérales éclairées, il faut aujourd'hui choisir entre la république maçonnique et la monarchie très chrétienne.

Fille de Satan, la Révolution singe le catholicisme, mais en mettant tout à rebours : les sujets sont souverains.

On trouve dans les deux gouvernements un chef de l'Etat, une haute Chambre, une Chambre populaire, un lien social ; des tribunaux, des conseils d'Etat, des écoles et même deux sociétés, deux pouvoirs, deux glaives distincts et subordonnés. La Révolution a dans la franc-maçonnerie sa ténébreuse église, et le peuple souverain lui obéit servilement. Une presse impie, écho des Loges, remplace les enseignements de l'Eglise et le peuple armé combat sous sa direction. La haine du catholicisme est le lien social.

Le Christ, qui seul a vaincu le Prince du monde, maître de l'univers avant son avènement, peut seul aujourd'hui l'enchaîner, et Satan dominera de nouveau la terre quand l'ingrate Europe aura repoussé le Christ, l'Eglise, les écoles et les monarchies chrétiennes au nom du laïcisme.

### IV

La monarchie traditionnelle est une monarchie royale, *très chrétienne*, tempérée, héréditaire, paternelle et dont la famille chrétienne est la figure.

« Le roi règne par la grâce de Dieu » et, comme le père, gouverne dans l'intérêt de la famille qui lui est confiée.

Représentation de l'Etat, la Cour des pairs et du Parlement, réunion de toutes les forces sociales, était l'aide et le conseil permanent de la royauté. Revêtue d'une autorité propre, bien que subordonnée, elle remplissait dans l'Etat le rôle de la mère dans la famille, du concile et de l'épiscopat dans l'Eglise ; elle devait obéissance au roi, mais le roi lui devait protection, confiance, déférence, affection.

Les Etats-Généraux et provinciaux représentaient les droits, les intérêts, les opinions, les vœux des sujets.

C'était une réunion d'enfants autour de parents qui font tout pour eux, satisfont tous leurs vœux légitimes, leur expliquent les motifs de l'obéissance, mais sans se placer sous leur domination.

Le roi régnait et gouvernait non pas, comme nos Césars et nos républicains, en imposant son opinion personnelle, sa volonté propre, son intérêt particulier, de complicité avec une majorité cupide et servile, mais selon de justes lois et dans l'intérêt de la nation entière.

La volonté royale était réglée par la loi divine, par les lois fondamentales, tempérée par la coutume, motivée par l'intérêt général, expliquée par l'exposé de ses motifs, acceptée par les Etats, vérifiée par le Parlement, promulguée dans les formes légales. La loi préparée dans les conseils du prince et soumise aux deux Assemblées, dans la limite de leurs fonctions, était l'expression de la volonté royale.

Mais il n'en est plus de même aujourd'hui, et le parlementarisme, qui repose sur la balance des trois pouvoirs et sur la prépondérance arbitraire des majorités, a dissous tous les gouvernements depuis 89. La responsabilité des ministres devant les Chambres est la négation de l'autorité du roi, qui « règne et ne gouverne pas ».

Dans la monarchie royale une haute Chambre n'est pas, comme nos sénats modernes, la pâle doublure de la Chambre populaire et l'écho des ministres. Elle n'a pas pour origine la faveur soit du prince, soit des ministres, soit des électeurs. Ce n'est pas une simple agrégation d'hommes recommandables par leurs talents, leurs services, leur mérite, mais sans esprit de corps, sans autre autorité que leur influence personnelle et le vote souvent méprisé de la majorité. C'est la réunion des *grands corps* de l'Etat, dynastie, clergé, magistrature, armée, propriétaires fonciers.

Telle était la cour des Pairs et du Parlement, présidée par le Roi dans les lits de justice, et qui avait la grande mission de *vérifier* les lois afin d'y conserver la foi et les traditions nationales, l'autorité royale, les libertés publiques, et d'éclairer la religion du prince quand elle était surprise par ses ministres.

Est-il possible de reconstituer un Sénat sur ce modèle, en tenant compte du temps et des mœurs? D'assigner à la Cour de Cassation le rôle de l'ancien Parlement, aux cardinaux et aux évêques des principaux sièges le rôle des Pairs ecclésiastiques? De grands propriétaires fonciers, pourvus de majorats *reversibles à l'Etat* et qui, pour siéger, seraient obligés de servir la France soit dans les conseils locaux, soit dans la magistrature,

soit dans l'armée, pourraient-ils remplacer les Pairs laïques de l'ancien régime? Nous l'ignorons, mais ce qui est évident, c'est que les Sénats modernes n'ont pas retardé d'une heure la chute des gouvernements, depuis 89, et qu'ils ont sacrifié les libertés publiques quand la Chambre populaire les a détruites.

La Chambre élue peut-elle être, comme les anciens Etats, la représentation d'un *peuple organisé*, la représentation des droits et des propriétés des familles et des corporations; agriculture, commerce, industrie, corporations ouvrières? Peut-elle avoir un mandat écrit comme les anciens cahiers, afin d'être l'organe de leurs vœux, de leurs plaintes. La seconde Chambre se bornerait-elle au vote des nouveaux impôts, après avoir voté d'une façon permanente les grands services publics, et à surveiller leur emploi? Accepterait-elle l'autorité d'une haute Chambre chargée de *vérifier* et d'enregistrer les lois. Tout en apportant au gouvernement la puissante force de l'opinion dans l'examen des projets de loi, renoncerait-elle au *pouvoir législatif*, qui appartient *collectivement* au roi et aux deux Chambres dans la monarchie parlementaire?

Nous l'ignorons, mais tout le monde sait d'une part que le suffrage universel est indestructible; de l'autre, que sans organisation et ayant pour seule base l'individualisme et l'égalitarisme, il sera toujours l'expression des passions aveugles d'une foule endoctrinée par la presse, par les intrigants et par les Loges. Tout le monde sait que la foule nommera des majorités ou factieuses, ou serviles, qui détruiront l'ordre social et que les minorités seront esclaves.

Est-il possible de laisssr dans chaque Chambre à chacun son métier? Si elles représentaient non les individus, mais des corps, serait-il possible de regarder chaque corps d'Etat comme un bureau chargé du rapport en ce qui serait de sa compétence? Nous l'ignorons, mais tout le monde sait le danger et l'absurdité de charger les avocats des choses de la guerre, les médecins de la législation, les industriels de l'agriculture, etc., etc.

En un mot, est-il possible de restaurer la monarchie très chrétienne? Dieu seul le sait.

## CHAPITRE III

## L'ÉGLISE ET LA FRANCE

### I

Dieu a tout fait pour l'Eglise, nous dit Saint-Paul (I *Cor.* III), et on lit dans la lettre de Léon XIII aux bibliothécaires du Vatican :

Toute l'histoire crie qu'il y a un Dieu modérateur par sa Providence suprême, du mouvement varié et perpétuel des affaires humaines et qui, malgré les mortels, fait tout concourir à l'accroissement de l'Eglise.

Les peuples fidèles l'aident à propager le règne et la justice de Dieu et, par surcroît, la civilisation chrétienne.

Les peuples séparés du catholicisme la servent encore, alors même qu'ils ne songent qu'à satisfaire leur ambition leur cupidité, leurs vengeances, car Dieu fait tourner à la gloire de l'Eglise jusqu'à l'incrédulité des nations.

Les nations conquérantes brisent les barrières qui séparent les peuples. Elles préparent, ainsi, l'unité catholique que l'Eglise a mission de rendre au genre humain divisé par la chute. Les peuples commerçants lui ouvrent des voies nouvelles et les idolâtres suscitent ses missionnaires. Les persécuteurs fortifient sa foi, sèment des chrétiens dans le sang des martyrs, préparent ses victoires et le triomphe qui en est le prix.

Les nations musulmanes ont cimenté l'union des nations chrétiennes en les groupant autour du Vicaire de Jésus-Christ, qui seul pouvait les unir et par suite les sauver, comme il pourra seul les unir et les défendre contre une Révolution anti-chrétienne et anti-sociale bien plus dangereuse que les Sarrasins et les Turcs. Point d'union possible ni dans le monde physique, ni dans le monde moral sans un centre qui est toujours UN. De l'unité procède et l'union et la force, vérité fondamentale méconnue depuis deux siècles par le gallicanisme et surtout par le libéralisme de 89.

Les Evêques étant égaux et indépendants comment les unir sans le Pape ?

Les Rois étant égaux et indépendants, comment les unir sans l'autorité spiri-

tuelle tant religieuse que sociale du Pape?

Le Pape écarté, il a fallu remplacer l'autorité une, universelle, catholique en un mot, par la majorité. Le dualisme et la lutte des majorités et des minorités a détruit l'union et la force dans l'église gallicane, dans la chrétienté, dans la monarchie de 89. De là leur ruine ; de là la domination des plus forts et des plus nombreux ; de là le triomphe de la Révolution qui par le suffrage universel s'est emparée du grand nombre.

Pour éviter la domination des forts, on a proclamé le principe de l'équilibre des puissances et formé des coalitions basées sur l'intérêt commun. Soins superflus, parce que la justice et la vérité dont le Pape a la garde sont le lien des intelligences et des volontés, et que les cœurs ne s'unissent parfaitement que dans la charité du Christ ; charité qui vit dans le cœur du Pape.

Conservons toutefois l'espérance ; car Dieu fait servir à l'accroissement de l'Eglise l'incrédulité non moins que la foi, et la révolte non moins que l'obéissance.

Le déicide et la réprobation des Juifs ont amené la vocation des Gentils et Rome a remplacé Jérusalem. La réprobation des Grecs fut suivie de la conversion des Barbares et le Saint-Empire romain remplaça les Césars. La Réforme fut suivie de la conversion de l'Amérique. La Révolution française, en dispersant le clergé aux quatre vents du ciel, a semé la conversion de l'Angleterre et des Etats-Unis. En voulant détruire la religion la Révolution n'a fait et ne fera que détruire les obstacles qui enchaînaient l'Eglise : quand « Dieu efface, dit de Maistre, c'est pour écrire. »

Dans le gouvernement de ce monde le mal est le stimulant du bien que Dieu fait toujours triompher. La vérité croît avec l'erreur pour l'écraser et « la grâce surabonde quand abonde l'iniquité ». De là ces étonnantes paroles de l'Ecriture : « Il faut des hérésies il faut des scandales, Dieu permet l'incrédulité de tous pour faire miséricorde à

tous » cette voie mystérieuse de la Sagesse divine sera complètement mani-
festée à la fin des temps, puisque l'incrédulité universelle au temps de l'An-
téchrist, sera suivie de la conversion de
l'univers entier.

## II

Les nations comme les individus, ont
une mission providentielle. Les Juifs,
les Romains et les Francs sont les ins-
truments privilégiés de la Sagesse qui
gouverne l'univers, et privilégiés dans
le mal comme dans le bien ; car plus le
bien est excellent, plus sa corruption est
grande ; plus on est élevé, plus la chute
est profonde. Mais Dieu fait profiter l'E-
glise de leur incrédulité non moins que
de leur foi, de leurs crimes comme de
leurs vertus.

« Des Juifs vient le salut », nous dit
le Christ, il en vient par sa naissance et
par sa mort ; par les pharisiens déicides
comme par les Apôtres ; par la réprobation qui a ouvert l'Eglise aux gentils
comme par la conversion future des
Juifs qui entraînera la conversion de
tout l'univers. L'Eglise leur devra sa
ruine apparente à la fin des temps, ruine
qu'ils préparent sous nos yeux dans
les Loges qu'ils dirigent, et dans les
sectes dont ils sont les fondateurs et
les chefs ; nihilisme, socialisme, radicalisme. La Révolution cosmopolite leur
devra l'Antechrist son César, mais le
Christ qui « le tuera du souffle de sa
bouche » est « le Roi des Juifs ». Dispersés
sur toute la terre, ils ont reçu la puissance de tout perdre et de tout sauver.

Aussi Rome avec la sagesse divine
qui l'inspire a toujours surveillé et pro-
tégé les Juifs, qui sont à la fois les plus
dangereux ennemis du christianisme et
le peuple le plus cher à Dieu.

L'émancipation des Juifs est le plus
grand événement du siècle. Ils marche-
ront désormais sans obstacles à la conquête du monde par l'or et par le commerce, par la presse et par la science,
par l'usure et par l'acquisition du sol
comme en Hongrie et en Roumanie, par
les Loges et par les fonctions publiques
et surtout par une impérissable foi en
leur destinée. En France c'est un Juif
député, et aujourd'hui sénateur qui pro-

pose le divorce, destruction de la famille
chrétienne. C'est un député de race juive,
Gambetta qui organise la guerre au catholicisme dans l'école, dans l'Eglise et
dans l'Etat. C'est un ministre juif et
grand dignitaire des Loges, M. Cré-
mieux, qui fonde l'alliance israélite universelle et donne par là, une puissance
occulte, mais irrésistible à sa nation.

De toute façon la ruine et le salut sont
venus et viendront des juifs.

Après les Juifs, viennent les Romains
qui les remplacent pendant leur réprobation momentanée. De Rome aussi
vient le salut tant par son incrédulité
que par sa foi. L'incrédulité des Césars
païens a semé Rome chrétienne dans le
sang des martyrs, dans le sang des
trente premiers Papes et tant que Rome,
régénérée dans ce sang généreux, con-
servera son Pape-Roi, l'Europe pourra
se défendre contre la Révolution. Mais
malheur à nous si les disciples des Maz-
zini et des Garibaldi, des Cavour et
des Ratazzi s'en emparent ! Quand la république des Césars païens ressuscitera
et chassera le Souverain Pontife, ce sera
la fin de la civilisation chrétienne de
l'Europe, et l'annonce certaine de l'avènement du chef satanique des ennemis
de Dieu et du Christ.

## III

Pour protéger Rome, pour protéger le
siège et le trône de Pierre, Dieu a choisi
la France, et les destinées des deux peuples sont indissolublement unies. La
France périra quand elle aura méconnu
sa mission et répudié les enseignements
et l'autorité sociale du Siège de Pierre,
et la VILLE périra quand la France aura
cessé d'être « son épée et son bouclier. »
Dieu sans doute n'a pas besoin de nous,
mais il veut se servir de nous. Par suite
Rome et la France se relèveront ensem-
ble dans un avenir connu de Dieu seul,

Jésus-Christ, dit Grégoire IX, a pris la France
en sa possession pour la protection de la foi, de
la liberté de l'Eglise et de la justice.

Pour que cette mission soit remplie il
fallait l'étroite union de la France et de
l'Eglise, union qui a été facilitée par la
similitude des origines, des constitu-
tions, des destinées, malgré la diffé-

rence de deux sociétés aussi diverses que l'âme et le corps.

Comme l'Eglise, la France est née de la foi au Christ, Fils du Dieu vivant, que Clovis invoque à Tolbiac et ce grand prince défend, avec l'Eglise, la royauté divine du Christ contre les Ariens dont il est le vainqueur à Vouillé.

A la France comme à l'Eglise, le Christ a promis son amour. Il a dit à ses Apôtres : « Je vous ai aimés, demeurez dans mon amour. »

La veille du baptême de Clovis il a dit aux apôtres de la France : « Ne craignez rien, c'est moi, demeurez dans mon amour » (1) et nos pères ont répondu dans la loi salique : « Vive le Christ qui aime les Francs ! »

L'Esprit saint a révélé aux Apôtres les destinées futures de l'Eglise. Le même Esprit a révélé à saint Remi, dans cette nuit célèbre, les destinées de la France. L'Apôtre des Francs leur annonce qu'ils hériteront de l'Empire romain pour la défense de l'Eglise ; ce qui s'est réalisé sous Charlemagne et se réalisera de nouveau à la fin des temps, dit la tradition (2).

Rome chrétienne et la France ont reçu de la Providence l'héritage de Rome payenne, afin de christianiser l'Empire romain.

L'histoire atteste ce qui a été divinement prévu depuis l'origine de Rome, dit Léon XIII, c'est qu'elle donnerait aux successeurs du bienheureux Pierre un trône et une demeure pour gouverner d'ici, comme d'un centre indépendant de toute puissance, l'universelle république de la chrétienté.

A cette tête il fallait un bras et ce bras est la France.

Messagère de l'amour divin la colombe apportait la sainte Ampoule au fils aîné de l'Eglise. Elle planait au-dessus de sa tête, comme elle plane au-dessus des « Papes de la colombe », quand Dieu veut rappeler aux Romains que le même Esprit inspire le Christ et son Vicaire.

Le Christ a fondé l'Eglise sur la Pierre. Voulant que la Monarchie très chrétienne eut la même base, il inspirait à Clovis la pensée d'y déposer sa couronne en signe de dévouement filial.

« Par cet hommage, dit Baronius, Clovis « consacrait son royaume à Dieu et lui « assurait une perpétuelle durée. »

La conversion des Francs en présence de Clovis, conversion suivie de leur baptême, rappelle la conversion des Gentils en présence de Pierre. Le récit de Baronius ressemble à celui des actes (X 44 à 48). C'est de part et d'autre l'œuvre de l'Esprit-Saint.

« La nation des Francs, ajoute Baronius, crut au Christ et devint une nation sainte, un peuple élu, afin qu'en lui fût annoncée sa puissance. »

Ce n'est donc pas sans raison que la loi salique rappelle que la nation des Francs a été fondée par Dieu, *auctore Deo condita*, et que le Pape Hormisdas écrit à saint Remi son légat, que la conversion des Francs est accompagnée de miracles comparables à ceux des temps apostoliques.

Dieu, dit Baret à Louis XIII, a effectué plussieurs miracles par vostre dextre remplie de bénédictions, ayant dès l'âge de neuf ans, guary infinis pauvres malades de diverses nations d'un mal tenu pour incurable.

Louis XIII avait été sacré à neuf ans.

Nous trouvons, dit saint Thomas, une preuve de la sainteté des rois dans les gestes des Francs et du B. Remy. Nous la trouvons dans la Sainte Ampoule apportée d'en haut par une colombe pour servir au sacre de Clovis et de ses succcesseurs et dans les signes prodiges et cures opérées par eux après la dite onction. (1)

Par cette onction ajoute-t-il, le roi figure le Christ, vrai Roi et vrai Prêtre.

Le Roi de France, dit Mathieu Paris, est le Roi des rois à cause de l'uile céleste dont il est oint.

## IV

Pour servir l'Eglise, la France a reçu de grands dons. Elle a reçu l'esprit de prosélytisme dont elle a tant abusé pour le mal depuis un siècle, et pour instrument une langue claire, exacte, qui serait devenue l'auxiliaire de la langue de l'Eglise si la France était restée vraiment *très chrétienne*. Son territoire, situé entre les deux mers et près de Rome, lui per-

---

(1) Voir Hincmar, Surius, Marlot, les Bollandistes, Baronius, etc.

(2) Voyez le traité de l'Antechrist dans les œuvres de saint Augustin.

(1) De reg. princ. L. II, ch. XVI.

met de remplir facilement sa mission providentielle de propagande et de protection. Mais pour qu'elle n'en soit pas distraite, ce territoire est limité comme est limité celui de l'Eglise.

La France ne peut s'étendre comme font la Prusse, la Russie, l'Angleterre, au-delà des frontières naturelles qui lui servent de rempart et de barrière. Quand elle en sort, elle y est bientôt ramenée par la Providence, comme un fleuve débordé qui rentre dans son lit après avoir inondé les campagnes voisines.

Mais ce territoire limité est, comme celui de l'Eglise à l'abri d'une domination étrangère.

A l'exclusion des autres rois, dit Baronius, les rois des Francs ont un privilège particulier accordé par Dieu aux prières de saint Remy. Leur royaume ne sera pas donné à d'autres nations à cause des péchés des rois.

Saint Bède répète la même tradition. La grandeur des châtiments répond à la constance de la protection « le châ-« timent des Français, dit de Maistre, « sort des règles ordinaires et la pro-« tection accordée à la France en sort « aussi. Ces deux prodiges présentent « un des plus étonnants spectacles que « l'œil humain ait jamais contemplé ».

Il en a été de même en 1814, en 1815, et surtout en 1870.

A l'exemple de l'Eglise, la France se relève plus forte après ses malheurs quand elle revient au Christ son Roi.

« Bien que sa fortune, dit Lebret, ait été souvent agitée par de furieuses tempêtes suscitées soit par l'envie de ses voisins, soit par la malice de ses peuples, toutefois Dieu l'a toujours relevée au-dessus de l'orage ? *Magna regni Gallorum fortuna, semper in malis major resurrexit.*

Nous devons espérer qu'elle ne pourra être ébranlée tant que nos rois continueront de maintenir la religion en son lustre » (1).

Comme l'Eglise, la France est une grande famille où le père commande, la mère conseille, l'enfant obéit.

Ici le père commande mais pour servir la famille avec l'aide de la mère à laquelle il doit protection, déférence, confiance.

Le Pape est « le serviteur des servi-

teurs de Dieu » et commander en France, c'est *servir*.

La mère obéit, mais sans être esclave comme chez les infidèles.

L'enfant obéit à ses parents, mais son obéissance est dictée par la piété filiale et, quand l'âge le permet, éclairée par la raison.

Comme l'Eglise, la France sa fille aînée est une monarchie royale, paternelle tempérée, réglée par les lois divines, par la tradition, par les lois règlementaires.

Le Roi comme le Pape, est aidé par de savants conseils. L'un est aidé par le collège des Cardinaux, abrégé de l'Eglise enseignante ; l'autre par un Parlement, réunion de toutes les forces sociales et abrégé de l'Etat.

Comme les fidèles dans l'Eglise, les citoyens sont sans autorité, mais non sans influence.

Le Pape et le Roi tiennent compte des vœux légitimes de leurs sujets. Pie IX et Léon XIII n'ont cessé d'encourager la presse catholique et les pèlerinages du Vatican.

L'Eglise et la France ont les mêmes patrons célestes et les mêmes ennemis.

La monnaie française comme l'Obélisque du Vatican, attestent le règne du Christ et la Reine immaculée de l'Eglise est la Reine céleste de la France. Les deux sociétés ont pour loi suprême l'Evangile, pour fin sur la terre la propagation du règne et de la justice de Dieu, la défense des faibles et des opprimés chacune avec ses armes.

Saint Michel veille sur la France du haut du Mont Tombelaine et sur Rome du haut de la tour qui porte son nom.

Saint Pierre par la bouche d'Etienne III déclare « les Francs ses fils adoptifs et « les frères des Romains. Conformément « à la promesse de Notre-Seigneur et « Rédempteur, il distingue le peuple des « Francs entre toutes les nations. »

Entre Rome et la France *très chrétienne* succès et revers sont communs.

Les triomphes de la France, dit Innocent III, sont les triomphes du siège apostolique.

La France, dit Alexandre III, est un royaume béni de Dieu dont l'exaltation est inséparable de celle du Saint-Siège.

Si Rome et la France ont les mêmes souverains et les mêmes patrons ils ont aussi les mêmes adversaires.

---

(1) La *Souveraineté du Roi*, ch. I.

*Le cléricalisme voilà l'ennemi !*
*Foulez aux pieds les lys !*
Tel est le double cri de guerre des Loges et de la République radicale.

La France en défendant l'Eglise défend sa propre cause et se livre à ses ennemis quand elle la trahit.

*Proportions gardées*, la constitution de la France est calquée sur celle de l'Eglise. Le Pape est un autre Pierre, le Roi un autre Clovis ; comme Pierre le Roi de France ne meurt pas. L'homme périt, l'esprit royal passe à son successeur.

Le Pape est le successeur et non l'héritier de son prédécesseur. Il en est de même du Roi de France.

Les Etats de l'Eglise appartiennent au Christ et à tous les catholiques. Pierre n'en est que l'administrateur.

Il en est de même de la France qui appartient au Christ comme le rappelle Jeanne d'Arc, et à tous les Français.

Tout ce que les Papes ont reçu des princes et des peuples ils l'ont donné à l'Eglise, ne gardant rien en propre.

Tout ce que les rois de France ont reçu par mariage, donation, héritage, conquête, ils l'ont donné à la France ne gardant rien en propre. Par suite les Rois de France comme les Papes ne peuvent léguer, démembrer, partager leurs Etats.

Le Pape ne peut désigner son successeur et de son vivant l'Eglise ne peut l'élire.

Il en est de même du roi de France.

Quand le Pape est douteux et qu'il y a plusieurs élections, l'Eglise prononce, le Concile juge non pas d'après son opinion, mais en contrôlant les élections conformément à la loi électorale en vigueur.

De même, quand il y a doute sur la succession royale, c'est la France qui prononce, non d'après son opinion, mais conformément à la loi salique qu'elle interprète alors.

L'Eglise élit le Pape comme l'épouse choisit son époux, mais le Pape tient ses droits de Dieu seul.

La France, quand la dynastie régnante est éteinte, élit la dynastie nouvelle, mais le prince tient de Dieu et de la loi fondamentale, les pouvoirs qu'on lui transmet, dit la liturgie.

L'Eglise n'est pas la collection des fidèles ; c'est un corps organisé qui a sa tête, son corps, ses membres.

De même la France est un corps organisé et n'est pas une collection de citoyens égaux. Le suffrage universel de la foule n'est pas l'expression de ses vœux, de ses droits, de ses sentiments ; un monceau de sable et de pierres n'est pas l'édifice.

La France aura cessé de vivre quand elle aura cessé de prendre pour modèle l'exemplaire que Dieu lui a montré sur la montagne. Quand par suite du droit dit moderne on verra l'opposition des deux sociétés, la France deviendra l'auxiliaire des ennemis de Dieu et des hommes qui veulent la créer à la ressemblance des Loges, et Dieu la brisera comme un vase déformé.

La différence des deux sociétés n'est pas leur opposition. Elle n'exclut pas une certaine similitude, non de nature et de substance, mais de rapports. Les récits qui constatent cette similitude, sont appuyés sur les autorités humaines les plus respectables ; toutefois le témoignage des hommes, si grave qu'il soit, diffère à l'infini du témoignage de Dieu dont l'Ecriture est l'organe, et qui nous raconte les origines divines de l'Eglise. Si véridique qu'il soit, l'historien n'a pas cette autorité divine : double principe qu'il ne faut pas perdre de vue quand on compare la France et l'Eglise et qu'on invoque nos traditions nationales.

5690. — PARIS. — IMPRIMERIE F. LEVÉ, RUE CASSETTE, 17.

www.ingramcontent.com/pod-product-compliance
Lightning Source LLC
LaVergne TN
LVHW051016060726
842524LV00007B/2643